國家圖書館出版品預行編目資料

格林兄弟 / 胡其瑞著;林欣繪.——初版一刷.——
臺北市: 三民, 2016
　　面；　公分——(兒童文學叢書/創意MAKER)

　ISBN 978–957–14–6159–5　(精裝)

　1.格林(Grimm, Jacob Ludwig Carl, 1785–1863)
　2.格林(Grimm, Wilhelm Carl, 1786–1859)
　3.傳記 4.通俗作品 5.德國

781.08　　　　　　　　　　　　　　105008708

© 格林兄弟

著 作 人	胡其瑞
繪　　者	林　欣
主　　編	張燕風
企劃編輯	郭心蘭
責任編輯	葉嘉蓉
美術設計	林易儒
發 行 人	劉振強
著作財產權人	三民書局股份有限公司
發 行 所	三民書局股份有限公司
	地址　臺北市復興北路386號
	電話　(02)25006600
	郵撥帳號　0009998–5
門 市 部	(復北店)臺北市復興北路386號
	(重南店)臺北市重慶南路一段61號
出版日期	初版一刷　2016年7月
編　　號	S 857991

行政院新聞局登記證局版臺業字第○二○○號

有著作權・不准侵害

ISBN　978-957-14-6159-5　（精裝）

http://www.sanmin.com.tw　三民網路書店
※本書如有缺頁、破損或裝訂錯誤,請寄回本公司更換。

創意
MAKER

格林兄弟 JACOB GRIMM & WILHELM GRIMM

守護童話世界

胡其瑞／著　林　欣／繪

三民書局

主編的話　　　　　抬頭見雲

　　隨著「近代領航人物」系列廣獲好評，並獲得出版獎項的肯定，三民書局的出版團隊也更有信心繼續推出更多優良兒童讀物。

　　只是接下來該選什麼作為新系列的主題呢？我和編輯們一起熱議。大家思考間，偶然抬起頭，見到窗外正飄過朵朵白雲。

　　有人興奮的說：「快看！大畫家畢卡索一手拿調色盤，一手拿畫筆，正在彩繪奇妙的雲朵！」

　　是呀！再看那波浪一般的雲層上，建築大師高第還在搭建他的尖塔！

　　左上角，艾雪先生舞動著他的魔幻畫筆，捕捉宇宙的無限大，看見了嗎？

　　嘿！盛田昭夫在雲層中找到了他最喜愛的 CD，正把它放入他的隨身聽……

　　閃亮的原子小金剛在手塚治虫大筆一揮下，從雲霄中破衝而出！

　　在雲端，樂高積木堆砌的太空梭，想飛上月球。

　　麥克沃特兄弟正在測量哪一朵雲飄速最快，能夠成為金氏世界紀錄。

　　……

　　有了，新的叢書就鎖定在「創意人物」這個主題上吧！

　　大家同聲附和：「對，創意實在太重要了！我們應該要用淺顯的文字、豐富的圖畫，來為小讀者們說創意人物的故事。」

　　現代生活中，每天我們都會聽見、看見和接觸到「創意」這兩個字。但是，「創意」到底是什麼？有人說，「創意」就是好點子。但好點子是如何形成的？又是在什麼樣的環境助長下，才能將好點子付諸實現，推動人類不斷向前邁進？

　　編輯團隊為此挑選了二十個有啟發性的故事，希望解答上述的問題，並鼓勵小讀者們能像書中人物一般對事物有好奇心，懂得問「為什麼」，常常想「假如說」，努力試「怎麼做」。讓想像力充分發揮，讓好點子源源不絕。老師、家長和社會大眾也可以藉此叢書，思索、探討在什麼樣的養成教育和生長環境裡，才能有效的導引兒童走向創意之路？

　　雲屬於大自然，它千變萬化，自古便帶給人們無窮想像；雲屬於艾雪、盛田昭夫、高第、畢卡索……這些有突出想法的人，雲能不斷激發他們的創意；雲也屬於作者、插畫家和編輯團隊，在合作的過程中，大家都曾經共享它的啟發。

　　現在，雲也屬於本書的讀者。在看完這本書以後，若有任何想法或好點子願意與大家分享，歡迎寄到編輯部的信箱 sanmin6f@sanmin.com.tw。讀者的鼓勵與建議，永遠是編輯團隊持續努力、成長的最大動力。

　　　　　　　　　　　　　　　　　　　2015 年春寫於加州

作者的話

　　為什麼說故事的時候，一開頭總是要說「很久很久以前……」？而故事的結尾，又幾乎都是「王子和公主從此就過著幸福快樂的日子」？其實，這些刻板印象，都與《格林童話》這部永恆不朽的童話巨著有關。

　　《格林童話》是我很喜歡的一部童話。相較於講述〈人魚公主〉、〈賣火柴的小女孩〉，與〈小錫兵〉這些帶有哀傷色彩的《安徒生童話》而言，《格林童話》裡的故事結局，多半是比較美好的。

　　很多大人覺得，童話是一種沒什麼大不了的文學；認為不過是騙小孩子的東西，是用來警告孩子不要像小羊們一樣幫陌生人開門，或是窮苦書生也能一舉成名的勵志小品。然而，童話其實是面反映社會真實樣貌的鏡子，把社會中最基本的人性，用最淺顯的方式表現出來。

　　舉個例子來說，第二卷《格林童話》的內容多來自一位叫做薇曼的女士。這位女士生活在極為貧困的環境中，戰爭奪去了她的財產，卻沒有奪去她滿腦子的故事。在她的故事中，充滿了王室的華麗與上流社會的富裕景象，都是她一輩子未曾見過的東西。這些與她生活經驗完全不相干的想像，是身為一個市井小民內心深處對美好生活的渴望。在她的故事裡，辛勤的工作與貧困的生活，全都變成了黃金和寶石。而這些代代累積下來的童話故事，其實就是底層人民對心中理想生活最真實的投射。

　　難能可貴的是，這面鏡子反映出來的故事，又是以最簡單、最淺顯易懂的文字記錄下來。讓任何一個年齡、階層、身分的人都可以輕鬆讀懂、了解，甚至變成一種代代相傳的歷史記憶。這讓我想起詩人白居易：他的每一首詩，都會先讀給老婦人聽，聽不懂的地方就改；一直改到老婦人理解了，才會對外公開。這樣的作法，也讓白居易的詩更加平易近人，朗朗上口，因而流傳久遠。格林兄弟的童話集，也是如此。

　　格林兄弟所發想的創意，是從最不起眼的小人物口中，將最平易近人的故事，以最淺白的方式記錄下來。特別是在那個戰爭頻仍的年代裡，格林兄弟的故事集，讓日耳曼人深深思考祖國的歷史與文化，以及那輝煌燦爛又美好的年代。無形之中，加增人們對國家的向心力，也激起了對於自身文化的了解與情感。或許，這正是你我身處的社會最缺乏的吧？

童話世界有麻煩

童話森林裡住著許多童話人物。每天早上，你會看到一位英俊的王子，站在一座沒有門的高塔前，對著塔頂大喊：「長髮公主！把妳的長髮放下來！」

一隻肚子上有著縫線的大野狼，跑到麵包師傅那，請他用麵粉撲滿自己的手腳；七個小矮人哼著歌去礦場開採寶石；森林草原的那頭，一位小公主緊握著一顆金球拚命往城堡跑，後面跟著一隻青蛙邊跳邊喊：

「小公主！等等我！妳不是答應要和我一起吃飯嗎？」

　　幸運的話，你還可以看到六隻被魔法變成天鵝的王子飛過天際；或者是一隻穿著長筒靴的貓躲在樹叢後面，準備抓鵪鶉獻給國王。

　　這就是童話森林每天都會發生的事情，他們日復一日過著一樣的生活。到了第二天，所有的故事又會重演。

童話森林裡有一座鐘塔，塔上有一面指著十二點的鐘，這面鐘打從小紅帽出生就沒有動過。

這天，小紅帽還是一如往常的帶著滿籃的食物，要去森林裡看生病的外婆。

「對了！摘一些花給外婆吧！」小紅帽自言自語的說。正想著要去哪裡摘花時，她突然發現，鐘塔前綻放著許多美麗的百合花，小紅帽興奮的摘了一朵又一朵。

正當小紅帽摘下第十二朵百合時，晴朗的天空打了一聲悶雷；這面從來不曾走過的鐘竟然敲響，噹噹噹噹，一共十二響。

「妳不該摘這些花的！」身後突然傳來一個蒼老的聲音。

小紅帽嚇了一跳，回頭一看，是一位老婦人，手裡拿著一籃紅蘋果。

「妳是壞王后！」小紅帽大叫。

　　說話的正是白雪公主的後母，她生氣的說：「妳不該摘這些花的！」

　　「為什麼？」

　　「這些百合花是這座鐘塔的封印，它們讓時鐘無法轉動。所以童話森林的時間都是靜止的，這些童話人物才不會變老，並永遠活著。現在妳解開了封印，讓時間開始走動，童話人物也會逐漸衰老；一旦我們死了，我們的故事將會永遠消失在人類的記憶裡。」

　　「那怎麼辦？」小紅帽著急的問。

　　「除非……妳能在人類世界找到願意寫下這些故事的人，這

樣，我們就可以永遠活著。只是妳必須記住，不能直接把故事講給人類聽，不然，妳所講的這個童話人物，就會立刻消失不見。」

「那要怎麼樣才能到人類世界呢？」

「就從我這面鏡子過去。」壞王后從籃子裡拿出一面鏡子。

「壞王后的鏡子應該是很大一面吧？怎麼……」小紅帽喃喃自語的說。

「沒時間多想了！妳必須幫助人類寫下我們的故事，不然，一切就太遲了。這面鏡子可以讓妳看到童話森林，這樣就知道還有誰的故事需要被記下來。妳把手按在鏡面上，然後念咒語。」

「什麼咒語？」

「魔鏡魔鏡，告訴我世界上誰最美麗。」

「這不是……」小紅帽話還沒說完，鏡面突然出現了波紋，有一股力量把她拉進小小的鏡子裡。小紅帽心想：「糟糕！外婆中午要餓肚子了。」

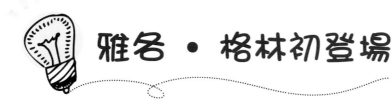

雅名・格林初登場

乒乒乓乓一陣巨響，小紅帽跌在一堆書本中。撥開了壓在她身上的厚重字典，好不容易才從地板上爬起來。環顧四周，到處都是書架跟箱子。突然，一個男子的聲音從身後傳來：

「哪裡來的小鬼，把我好不容易整理好的書又弄亂了？」

小紅帽回頭一看，一個大約二十多歲的年輕男子，頂著一頭微捲的棕髮，在厚重的外套下繫著紳士般的黑色絲絨領結，腳踩帶有馬刺的高筒發亮馬靴。

「妳是從哪裡跑進來的？」

這個男子又問了一次。

「我……我也不知道……」小紅帽不知該從何說起。

「妳把我整理半天的書弄亂了！」男子抱怨道：「上個禮拜國王才說要清空大廳，昨天王后又要我幫她找書，現在妳又來搗亂！我實在快受不了了！」

「你說的國王、王后是？」在童話森林裡有好幾個國王和王后，但是聽這男子談論他們的口氣，好像不是那麼友善，不禁讓小紅帽好奇的問。

「就是西發里亞的國王『熱、羅、姆』啊！妳怎麼好像沒聽過的樣子？」男子驚訝的看著小紅帽，「難道妳是住在哪個與

世隔絕的森林裡嗎？」不等小紅帽回答，男子就接續著說：「自從法國佬拿破崙當上皇帝後，親戚們不是封王就是封貴族。沒想到竟派個最差的來西發里亞，這傢伙在卡塞爾只會花天酒地，想做什麼就做什麼，根本不配當我們日耳曼民族的國王！」

男子的嘴巴，就像睡美人的紡紗車一樣，搭搭搭的講個不停，但也讓小紅帽理解了自己身處的時代：現在是人類世界的1810年，她來到西發里亞王國的首府——卡塞爾城堡內的圖書館。這裡原本是普魯士王國

的領土，但是三年前，普魯士被法國皇帝拿破崙打敗後，把西發里亞割讓給法國。拿破崙便在這裡設立王國，並讓弟弟熱羅姆擔任國王。

「既然你這麼不喜歡國王，為什麼還要待在他的圖書館呢？」小紅帽問。

「唉……」男子嘆口氣說：「因為我必須靠這收入來養活我和弟弟、妹妹啊！熱羅姆當了國王以後，要在卡塞爾找會法語，又對古代文學有研究的人，來幫他整理古代書籍。因為我曾寫過一些關於古代史詩的著作，所以他就派我當館長了。

可是，」男子接著說：「我本來以為在圖書館裡，可以好好做我最喜歡的古代文學研究，卻一天到晚被國王、王后呼來喚去，根本沒時間好好寫東西……」

「噹噹！」話說到一半，門鈴聲突然大作，男子起身對小紅帽說：「大概是郵差吧？啊對了！忘了說，我的名字叫做雅各‧格林。」

威廉‧格林大豐收

　　雅各關上門，手上拿了一封信，看起來相當厚實。雅各撕開信，邊走邊讀，臉上露出喜悅的表情。

　　「好消息？」小紅帽好奇的問。

　　「喔！是啊！我弟弟威廉，從威瑪寫信給我，說他見到了歌德大師！」看著小紅帽迷惑的眼神，雅各趕緊解釋。

　　「威廉是我最大的弟弟，我們只差一歲，而且都是馬堡大學的校友。我們一家人原本跟著當法官的父親住在施泰瑙。後來，

父親得了肺炎去世，那年我才十一歲。我們全家便隨著母親，搬到卡塞爾，投靠在卡塞爾宮當侍女的阿姨。

「雖然我們兄弟倆念法律，但是都對日耳曼文學很有興趣，特別是那些充滿故事性的史詩，讓我們大半的大學時光都沉醉在文字與古代典籍當中。

「大學畢業後我在軍隊裡服務，但是和穿著軍服的生活比起來，我還是比較懷念在古代手稿堆裡打轉的日子。四年前法國人

占領了卡塞爾，原本以為我們的生活會隨著戰爭落幕而恢復正常，沒想到母親卻在不久後去世。作為家裡的老大，我知道我必須肩負起照顧弟妹的責任，所以才選擇了圖書館館長的職務。」

聽到這裡，小紅帽忍不住問：「那時你弟弟呢？」

「威廉那時已經從大學畢業，但是他的身體一直很不好，長時間都待在外地的療養院裡接受治療。

「在療養院時，我倆的好朋友——詩人布倫坦諾來探望威廉。」

「布倫坦諾是⋯⋯？」小紅帽問。

「哦！布倫坦諾算是我們的前輩，他和另一位詩人亞洛尼姆，很早就大量搜集三百年來的書籍和手稿，把日耳曼民族的抒情詩歌編成了《少年的魔笛》。我們就是在這段期間認識了這兩位大詩人，並且參與了手稿的搜集工作。

「《少年的魔笛》出版後，亞洛尼姆來到卡塞爾找我跟威廉，問我們要不要試試搜集一些民間流傳的故事，並且出版。」

聽到「故事」這個關鍵詞，小紅帽眼睛一亮，趕忙問：「然後呢？你們出版了嗎？」

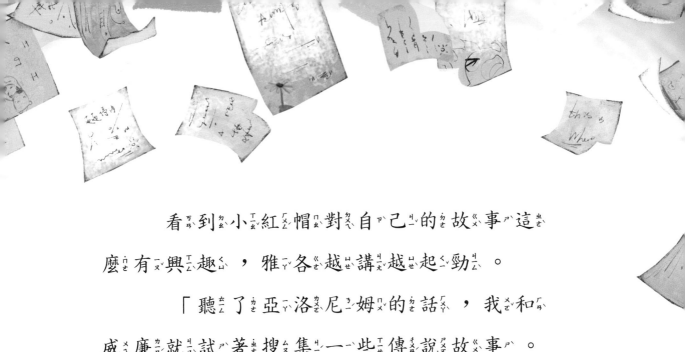

看到小紅帽對自己的故事這麼有興趣，雅各越講越起勁。

「聽了亞洛尼姆的話，我和威廉就試著搜集一些傳說故事。但是，這些故事有太多不同版本，根本不知道哪一個是正確的。我們找了半天，也只完成〈天鵝王子〉和〈瑪利亞的孩子〉這兩則故事。而且威廉還覺得〈天鵝王子〉的故事不好。

「亞洛尼姆鼓勵我們說，剛開始一定是這樣的。後來他給我兩份故事的草稿，一篇是〈漁夫和妻子〉，另一篇則是〈杜松樹〉……」

「你說住在海邊的那對漁夫夫婦！」小紅帽脫口而出：「我認識他們！」

「啊？」雅各驚訝的看著小紅帽。小紅帽趕緊改口說：「我是說我聽我外婆說過這個故事啦！」小紅帽暗暗的拉出鏡子，看到漁夫還站在岸邊的那棟破房子裡，懊悔著

妻子不知滿足，而喪失了原本可以擁有的美好生活。

「好險……然後呢？」小紅帽趕緊轉移話題。

「後來我們繼續搜集故事，可是因為威廉身體不好，工作進行得很緩慢。布倫坦諾去探望威廉時，覺得他待在療養院不會比較好，乾脆邀他到柏林走走。威廉去了柏林，見了亞洛尼姆，他們三人在柏林又是看戲又是讀手稿，讓我這個整天只能把書搬來搬去的哥哥好羨慕啊！」說著說著，雅各露出了既羨慕又嫉妒的神情。

「咦，那威廉怎麼會從威瑪寫信來呢？」小紅帽不解的問。

雅各說：「住在威瑪的歌德先生，是我們都敬重的大師。當威廉在威瑪見到了歌德先生，才知道他竟然早就注意到我們關於古典文學方面的作品，還把威廉當作好朋友來接待。」

雅各的聲音變得高亢：「除此之外，威廉還在當地的圖書館裡，找到了中世紀日耳曼民族的詩歌和羊皮手稿。他現在正帶著這些資料，要回到卡塞爾。這對我們的故事集而言，真是個好消息！」

聽到雅各的歡呼聲，讓小紅帽心中燃起了希望。

倉促出版待改進

幾天後，威廉回到卡塞爾跟哥哥相聚，小紅帽也正式見到威廉。有了小紅帽的幫助，搜集故事的進度突然間快了起來，因為這些童話人物對小紅帽來說都很熟悉，儘管她不能直接把故事講給兄弟倆聽，但是卻能把這些零散的手稿，用最快的速度整理出來。

格林兄弟整理故事的原則，是盡量保持故事的原貌。因為這些記載了古代方言的手稿非常珍貴，應該要花更多心力保存下來。

到了這年的秋天，故事的搜集工作已大致完成，總計有八十六則故事。亞洛尼姆在1812年來到卡塞爾，經過他的介紹，柏林的「中學書店」出版社願意幫他們出版這本書。

「可是我總覺得還不夠完美。」雅各謹慎的說。

但亞洛尼姆建議:「現在的局勢很不穩定，拿破崙和『反拿破崙聯盟』的軍隊看來免不了一場硬仗。戰爭打起來，西發里亞能不能倖免都不知道。不如趕快把稿子寄去柏林，出版後也比較安心。」

於是，兄弟倆在亞洛尼姆的催促下，把稿子寄到柏林。就在

雅各二十七歲那一年的聖誕節，燙著金邊的《兒童與家庭童話集》正式出版了。亞洛尼姆來信告訴兄弟倆，這本書一定會大賣。

不過，事實卻不如亞洛尼姆所預期，這本書的銷路並不太好。

「我覺得大概是因為我們把序文寫得太難懂了。」雅各反省說。

「還有關於童話的資料和注釋，這些東西不要說對孩子，即使對大人來說，也很難懂。」威廉邊翻書邊說。

不過這對小紅帽而言都不是問題。因為看著自己的故事被寫在這本書裡，就足以讓她高興！

除此之外，和七隻小羊周旋的大野狼、在森林裡迷路的韓森與葛雷特、每天都在擦玻璃鞋的灰姑娘、還有睡美人和白雪公主，都被寫進了故事集裡。

壞王后在鏡子的那一頭對小紅帽比了個「讚」，並且要她繼續努力。看著那些圍繞在王后身旁，還沒有被寫進來的童話人物，以及他們殷切期盼的眼神，

讓小紅帽充滿了使命感。

「嘿！第八十六篇〈狐狸和鵝〉被漏印了！」正在翻書的威廉大喊。

「怎麼可能？我看！」雅各把書一把搶來，翻來翻去，真的沒有。

「你看！」威廉說：「注釋裡有提到，但是故事集的本文卻沒有！」

不知道為什麼，小紅帽覺得這個錯誤似乎來得正是時候。

〈狐狸和鵝〉這個故事相當有趣，說的是一隻狐狸遇到了一群鵝，原本打算把牠們全吃了，但鵝群卻要求先做完禱告，才准狐狸動口。

結果第一隻鵝禱告個沒完，其他的鵝等得不耐煩，也紛紛禱告起來，一直到現在都還在禱告，所以狐狸也就吃不了牠們。這個故事很幽默，停不了的禱告會讓讀者覺得也許還有續集。

　　面對這個錯誤，格林兄弟思考著補救方法：如果再版的話，要怎麼把新增的故事放進第二卷當中。

　　「還有第二卷？」小紅帽不由得雀躍起來。為了第二卷童話集的出版，格林兄弟持續著搜集故事的工作。除此之外還有熱心的讀者寫信提供他們家鄉的故事。在這些文稿中，小紅帽看到了會唱又會跳的雲雀，以及被魔法變成青蛙的王子。看來他們有機會可以露臉了。

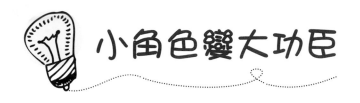

小角色變大功臣

「你們從哪裡找來這麼多的故事啊？」小紅帽一邊翻著格林兄弟的筆記本，一邊好奇的問。

「一開始我們也很挫折。但我們發現與其從舊文獻中找故事，不如去問問那些整天和孩子們待在一起的媽媽們。她們腦子裡的故事，才是最珍貴的寶藏！其中最特別的，就是卡塞爾的懷爾德藥房。」威廉笑著說。

原來，第一卷的故事，主要來自於圖書館裡的文獻；第二卷則大部分來自於熱心朋友口述的民間故事。

「藥房？」小紅帽好奇的問：「藥房怎麼會有故事可以聽？」

「懷爾德先生有六個女兒和一個兒子。懷爾德太太，是一個很會講故事的女人。這六個女孩從小就愛聽媽媽講故事，所以她們的記憶裡也有滿滿的故事。

「我記得懷爾德太太第一次跟我講的，好像是〈蝨子和跳蚤〉的故事。」威廉說。

「對對對！就是蝨子拿蛋殼煮啤酒，後來被燙傷，害跳蚤和大家跟著一起哭哭啼啼的故事。真是好笑極了。」雅各接著說。

「懷爾德先生的女兒，杜蒂仙也很會講故事。」威廉說：「那張

對它喊『桌子，準備吃的』，就會出現滿桌飯菜的桌子；還有被魔法變成天鵝的六位王子，都是她告訴我的故事。」

「還有藥房的管家，大家都叫她『瑪利亞奶奶』，她的記性特別好。已經出版的故事集裡，像是〈大拇指〉、〈小弟弟和小姐姐〉、〈沒有手的女孩〉、〈睡美人〉，還有……」雅各抓著頭想，威廉接了話:「還有〈小紅帽〉！」

「對！就是〈小紅帽〉，都是她說的。」

聽到自己的名字，小紅帽有點害羞，趕忙問道:

「這些婆婆媽媽和姑娘們都願意跟你們講故事嗎？」

「嗯……也不盡然。」雅各說：「布倫坦諾曾經介紹我們認識一位在馬堡醫院裡的婦人，大家都說她有滿肚子的故事，我們就託妹妹去找那位婦人。結果她第一天說要想想，第二天卻說什麼都想不起來。」

「是啊！」威廉接著說：「第二年我自己去了一趟馬堡，但是她拒絕對我說故事。」

「為什麼？」小紅帽問。

「因為她覺得不可能有成年人願意聽她講故事，如果她講給有學問的人聽，一定會被嘲笑。更別提還要把這些故事出版！」

「那怎麼辦？」

「後來是馬堡醫院的院長幫忙。她請這位婦人講故事給她的孩子聽，然後孩子再講給院長聽，院長再講給我聽。」威廉苦笑著說。

「這麼複雜！」小紅帽瞪大眼睛說。

「儘管複雜，我們還是搜集到不少童話故事。特別是那些老年人記憶中的故事，往往都是最真實而且代代相傳的童話。」

「不會有錯誤或是自己編的嗎？」

「哈哈！」威廉笑著說：「當然有，分辨真假童話的工作，就得靠哥哥了！哥哥對於文字的使用非常嚴謹。他總能夠從這些口傳的故事結構裡分辨出，到底哪些是他們自己編的，哪些是流傳下來的。」

「光有我還不夠，老弟，你對文字的美感也很重要。你總是可以把故事的情節原封不動的保留下來，然後在不破壞故事語言特色的情況下重新撰寫。」

看著格林兄弟相互合作完成夢想，小紅帽真是打從心底佩服他們兄弟倆。

# 再接再厲第二卷

　　正當格林兄弟忙於第二卷童話集的出版時，國際間發生了大事：拿破崙遠征俄國碰了個大釘子，緊接著，由俄國、奧地利、普魯士和瑞典組成的三十萬聯軍，大敗拿破崙。卡塞爾重新回到普魯士的手中。

　　重回祖國的懷抱，讓雅各決定為國家多做點事。他毛遂自薦成為外交代表團的祕書，前往巴黎和維也納參加戰後的國際會議，希望可以恢復拿破崙之前的國際局勢。

　　因為哥哥忙於國家大事，第二卷故事集的出版工作就落在弟弟威廉身上。好在除了小紅帽外，威廉獲得了一個得力助手——懷爾德藥房的杜蒂仙。她不但協助威廉搜集故事，也常親自講故事給威廉聽。

　　大約在 1814 年的年末，也就是威廉二十八歲時，一共七十則故事的第二卷《兒童與家庭童話集》正式出版。小紅帽看到她所熟悉，為生病父王尋找生命水的三王子、不聰明的玻璃瓶裡的妖精、各有所長的六個僕人，這幾個童話人物，心裡充滿了歡喜。

　　第二卷的出版獲得了很大的迴響，威廉寫了封信給在巴黎的雅各：「這本書已經讓我們揚名全世界了！」威廉還把第二卷送給歌德先生，歌德說：「這是一部可以永遠造福下一代的書！」

　　五年後這套故事集再版，兄弟倆把書中許多內容再加以增補。而兩人對於文學界的貢獻，讓他們獲得了馬堡大學榮譽博士的學位。

　　接下來，一件令小紅帽興奮的事情發生了：威廉向杜蒂仙求婚，把這位從小和自己一起長大的鄰家女孩娶回家。小紅帽看著杜蒂仙穿著新娘白紗，緩緩走向教堂講臺前的威廉時，心裡還不

斷想著：到底還有哪幾個童話人物，沒有被寫進故事集裡？算著算著，好像還有聰明的人，以及愛計較的小老鼠、小鳥和小香腸沒被寫進去。這該怎麼辦呢？小紅帽有點擔心。

「妳願意嫁給威廉・格林，作為他的妻子嗎？」牧師宏亮的聲音打斷了小紅帽的思緒。

「我願意！」杜蒂仙堅定的說。

剎時間，奇妙的事情發生了。小紅帽口袋裡的鏡子發出了耀眼的光芒，但她四周的人好像全都靜止。一轉眼，小紅帽又站在童話森林裡的鐘塔前，鐘塔的指針重新指向十二點。

一陣歡呼聲讓小紅帽回過神來，所有童話人物圍繞在她的四周，一時之間歡聲雷動。壞王后拍拍小紅帽的頭對她說：「妳看！大家都被妳救回來了！」

「沒有啊！還有小老鼠他們還沒寫進來呢！」小紅帽焦急的說。

「來！妳看看。」壞王后從小

紅帽手中接過鏡子，拿給她看，鏡子裡出現了威廉和杜蒂仙兩人。不過，他們看起來變老許多，而杜蒂仙正跟威廉比手畫腳的講故事。

小紅帽雖然聽不到聲音，但是從杜蒂仙的手勢，和威廉拍手大笑的樣子，她猜得出來，杜蒂仙正在講〈小老鼠、小鳥和小香腸〉。

「因為杜蒂仙嫁給威廉，讓她有更多機會可以跟威廉講故事。」壞王后說：「這時杜蒂仙已經六十二歲，而威廉也已經七十二歲。我們森林的伙伴，都全被寫進這部《格林童話》了，所以……」

「所以我成功了？」小紅帽一副不可置信的樣子。

「走吧！別忘記妳得去送午餐給外婆囉！我呢，也該去給白雪公主送蘋果了……對了！」壞王后停了一下，「這次別再亂摘花了。」

童話森林裡住著許多童話人物，他們日復一日過著一樣的生活。到了第二天，所有故事又會重演一遍。

這天，小紅帽經過那座不會走動的鐘塔，想著雅各、威廉和杜蒂仙，以及那段不可思議的旅程。她的手，好像又伸向了那些百合花。

格林兄弟 小檔案

JACOB GRIMM
&
WILHELM GRIMM

1785
雅各・格林出生
於今日德國黑森
州的哈瑙市

1786
威廉・格林出生
於今日德國黑森州
的哈瑙市

1791
隨父親舉家搬遷
到今日薩克森州
的施泰瑙

1796
父親肺炎去
世，格林家
陷入困頓

1798
兄弟倆前往卡塞爾投
靠阿姨，並在當地完
成中學教育

1802
雅各就讀馬堡大學

1803
威廉就讀馬堡大學

1806
法國統治卡塞爾

1813
拿破崙大敗，卡塞爾重
回日耳曼人的統治。雅
各開始參與外交事務。
撰寫第二卷童話的任務
由威廉扛起

1812
《兒童與家庭童
話集》於聖誕節
出版

1810
兄弟倆共同在卡
塞爾編纂童話

1808
母親去世，雅各
在卡塞爾城堡圖
書館任職

1814
第二卷出版（初版本封面
印的是 1815 年，但實際
出版日期是 1814 年）

1822
第三卷（註解篇）
出版

1825
威廉與杜蒂
仙結婚

寫書的人

胡其瑞

　　筆名「出谷司馬」，政大歷史系碩士，曾任中研院歷史語言研究所助理，目前為政大宗教研究所博士候選人。偶爾喜歡在部落格裡寫寫散文，聊聊自己的育兒心得。著有《舌燦蓮花定天下：張儀》、《石頭將軍：吳起》、《運籌帷幄，決勝千里：張良》、《轉危為安救大唐：郭子儀》、《東周列國志》、《馬丁‧路德‧金恩》以及《麥克沃特兄弟》等書。

畫畫的人

林　欣

　　中國知名插畫家、設計師，專門從事兒童圖書策劃與繪製、商業插圖繪製和吉祥物設計。2003 年創立參目堂工作室，與多家出版社和教育公司合作，出版大量兒童繪本、教材。2013 年又創立樂品文化，進行兒童美術教育與活動策劃。更有《中國傳統節日》、《十二生肖》、《中國兒童折紙》等多冊體現中國傳統文化的繪本在海外發行。

1859
威廉過世

1863
雅各過世

創意 MAKER

創意驚奇雲

飛越地平線，
在雲的另一端，

創意 x 無限

撥開朵朵白雲，你會看見一道亮光……

 是 創意 MAKER 的燈泡亮了！

跟著它們一起，向著光飛翔，由它們指引你未來的方向：

（請依直覺選擇最具創意的顏色）

選 的你
請跟著畢卡索、艾雪、安迪·沃荷、手塚治虫、鄧肯、凱迪克、布列松、達利，在各種藝術領域上大展創意。

選 的你
請跟著盛田昭夫、7-Eleven創辦家族、大衛·奧格威、密爾頓·赫爾希，想像引領創新企業的挑戰。

選 的你
請跟著高第、樂高父子、喬治·伊士曼、史蒂文生、李維·史特勞斯，體驗創意新設計的樂趣。

選 的你
請跟著麥克沃特兄弟、格林兄弟、法布爾，將創思奇想記錄下來，寫出你創意滿滿的故事。

本系列特色：

1. 精選東西方人物，一網打盡全球創意 MAKER。
2. 國內外得獎作者、繪者大集合，聯手打造創意故事。
3. 驚奇的情節，精美的插圖，加上高質感印刷，保證物超所值！

還有！還有！
內附注音，小朋友也能「自·己·讀」！
創意 MAKER 是小朋友的必備創意讀物，
培養孩子創意的最佳選擇！